구원의 순서

하나님의 주권과 은혜에 따른 구속의 적용

THE WAY OF SALVATION

6 LESSONS ABOUT THE ORDER OF SALVATION

그리스도인들은 그 책의 사람들, 바로 성경의 사람들입니다. 성경에만 권위를 두고, 성경대로 살며, 성경에 자신을 계시하신 삼위 하나님만을 예배하고 사랑합니다. 이에 **그 책의 사람들**은 하나님께만 영광 돌리고, 하나님의 나라와 교회의 번영과 행복을 위해 성경에 충실한 도서들만을 독자들에게 전하겠습니다.

구원의 순서

하나님의 주권과 은혜에 따른 구속의 적용

코르넬리스 프롱크 지음
서금옥 옮김

그책의 사람들

| 일러두기 |

이 책은 북미자유개혁교회FRCNA: Free Reformed Church of North America에서 교단 교육용 교재로 사용하기 위해 만든 것입니다. 배우는 사람과 함께 활발하게 나눌 수 있는 모임을 염두에 두고 만들어진 교재여서 핵심 내용을 언급하는 위주로 구성되었습니다. 따라서 구원의 순서를 간단명료하게 정리할 수 있습니다. 구원의 순서를 충분히 공부하고자 할 때는 교회에서 목회자나 교사가 성도들에게 상세히 풀어서 설명하며 내용을 익히는 것으로 이 교재를 사용할 수 있습니다.

차 례

contents

들어가는 글 · 6

1장 _ 구속의 적용 · 11

2장 _ 소명 · 19

3장 _ 중생 · 29

4장 _ 회심 · 43

5장 _ 믿음 · 53

6장 _ 칭의 · 67

7장 _ 성화 · 85

추천하는 책 · 102

들어가는 글

오르도 살루티스Ordo salutis는 라틴어로서 "구원의 순서"라는 말입니다. 이 말은 믿는 사람이 구원을 받는 것에 대한 단계 혹은 과정입니다. 특별히 로마서 9장 29-30절에 기초한 이 구원 순서는 구원을 적용하는 성령의 사역에서 연이은 단계를 나타내는 용어로 개신교에서 사용해 왔습니다. 구원의 단계들이 순차적인 감이 있긴 하지만, 어떤 요소들은 점진적으로, 어떤 요소들은 순간적으로 일어납니다. 또 "구원의 순서"에서 어떤 단계들은 하나님께서 단독으로 행하시는 객관적인 것으로 봅니다. 반면 어떤 단계들은 사람의 행위를 포함한 주관적인 것으로 봅니다. "오르도 살루티스"라는 말은 1720년대

중엽에 루터주의 신학자들이 처음 사용했습니다.[1]

교회 안에서는 구원 순서에 관한 것과 구원 순서들 사이에 있는 인과관계에 대해 의견 충돌이 있습니다. 이로써 우리는 칼빈주의자와 고전적 아르미니우스주의자(웨슬리주의자), 루터주의자를 구별할 수 있습니다. 최근 들어 칼 바르트Karl Barth와 베르까우어G. Berkouwer, 헤르만 리델보스H. Ridderbos 같은 신학자들은 "구원의 순서"를 비판했습니다.

그러나 하나님께서, 믿는 사람 안에서 어떻게 구원을 행하시는가에 대한 순차적 용어들을 알고 밝혀 내는 것은 중요합니다. 그 까닭은 성경이 이 요소들을 말하기 때문입니다. 그러므로 우리는 로마서 8장 29-30절에 근거하여 구원의 순차적 순서를 말할 수 있습니다.

> 하나님이 미리 아신 자들을 또한 그 아들의 형상을 본받게 하기 위하여 미리 정하셨으니 이는 그로 많은 형제 중에서 맏아들이 되게 하려 하심이니라 또 미리 정하신 그들을 또한 부르시고 부르신 그들을 또한 의롭다 하시고 의롭다 하신 그들을

---

1) http://en.wikipedia.org/wiki/Ordo_salutis

또한 영화롭게 하셨느니라.

그리스도인들은 구원의 특별한 요소들에 대해 “논리적으로” 생각하는 것을 피할 수 없습니다. 구원의 요소들은 개혁주의 신조들 안에 있습니다. 특히 『웨스트민스터 신앙고백』Westminster Confession에 들어 있습니다. 아마 이 요소들을 가장 잘 볼 수 있는 책이 있다면, 존 번연John Bunyan이 쓴 『천로역정』Pilgrim’s Progress일 것입니다. 번연은 이 책에서 구원의 길을 순례자가 하늘나라로 가는 여정에 비유하여 그려 놓았습니다.

2014년 1월

코르넬리스 프롱크와 프레데리카 프롱크

구원의 순서

하나님의 주권과 은혜에 따른
구속의 적용

코르넬리스 프롱크

1장

구속의 적용

그리스도께서 죄를 위해 십자가상에서 돌아가시지 않았다면 죄인은 아무도 구원을 받을 수 없습니다. 그러므로 죄인에게는 그리스도께서 다 이루신 사역이 꼭 필요합니다. 그러나 구원은 성령의 사역이 없으면 똑같이 불가능합니다. 왜일까요?

THE WAY OF SALVATION

6 LESSONS ABOUT THE ORDER OF SALVATION

1장

구속의 적용

성령의 사역

그리스도께서 죄를 위해 십자가상에서 돌아가시지 않았다면 죄인은 아무도 구원을 받을 수 없습니다. 그러므로 죄인에게는 그리스도께서 다 이루신 사역이 꼭 필요합니다. 그러나 구원은 성령의 사역이 없으면 똑같이 불가능합니다. 왜일까요? 그리스도께서 우리를 위해 이루신 일을 성령님께서 우리에게 적용해 주셔야만 하기 때문입니다. 성령님께서 하시는 적용 사역은 반드시 필요합니다. 왜냐하면 사람은 자신이 가진 힘이나 의지로는, 그리스도께서 죄인들을 위해 얻으신 구원을 절대 받아들이지 않을 것이기 때문입니다.

성경은 죄인들이 영적으로 죽어 있다고 가르칩니다(엡 2:1 참고). 죽은 사람들은 복음의 부르심에 응답할 수도, 구원의 제안을 받아들일 수도 없습니다. 그러니까 우리에게는 성령님이 필요합니다. 성령님만이 그리스도의 구원을 우리 마음에 적용하실 수 있기 때문입니다. 오로지 성령님만이 죽어 있는 죄인들에게 생명을 주실 수 있습니다. 성령님께서는 이 사역으로 말미암아 죄인들의 마음속에서 중생이라는 기적을 일으키십니다. 죄인들은 그때 비로소 그리스도를 믿고 자신들이 지었던 죄들을 회개할 것입니다.

"성령님께서는 그리스도의 공로를 우리에게 어떻게 적용해 주시나요?" "성령님께서 그리스도의 공로를 적용해 주시는 특별한 방식이 있나요?" 하고 물으실 겁니다. 예, 있습니다. 하나님께서는 무질서의 하나님이 아니시요 질서의 하나님이시기 때문입니다(고전 14:33 참고). 하나님께서는 특정한 방식에 따라 일하십니다. 이를테면 우리는 하나님의 창조 사역을 통해 그 방식을 보게 됩니다. 하나님께서는 먼저 아무것도 없는 데서 천지를 창조하셨습니다(창 1:1 참고). 그때 성령님께서는 수면 위에 운행하셨습니다(창 1:2 참고). 하나님께서 이르시되

“빛이 있으라.”(창 1:3) 하시니 그대로 되었습니다. 재창조 사역도 마찬가집니다. 이 사역에서도 하나님께서는 분명한 계획 혹은 방식에 따라 일하십니다.

우리는 그리스도께서 얻으신 구속을 택하신 자들의 마음에 적용하시고자 하나님께서 사용하시는 방식을 “구원의 길” 혹은 “구원의 순서”라고 말합니다.

구원의 순서

1. 소명
2. 중생
3. 회심
4. 믿음
5. 칭의
6. 성화

이제부터 이 여섯 단계 혹은 과정을 하나씩 살펴봅시다.

더 깊은 공부와 나눔을 위한 질문

1. 죄인에게는 성령님께서 하시는 적용 사역이 반드시 필요합니까? 왜 그런지 나눠 봅시다.

2. 성경은 우리가 어떤 상태에 있다고 가르칩니까? 에베소서 2장 1절을 읽고 말해 봅시다.

3. 우리는 복음의 부르심에 응답하거나 구원의 제안을 받아들일 수 있습니까? 그렇지 않다면 왜 그런지 나눠 봅시다.

4. 그렇다면 우리에게는 누구의 도움이 꼭 필요한지 나눠 봅시다.

5. 하나님께서, 그리스도께서 얻으신 구속을 택하신 자들의 마음에 적용하시고자 사용하시는 방식을 무엇이라고 부릅니까?

6. 구원의 순서를 여섯 가지로 말해 봅시다.

<1장 구속의 적용>을 읽으면서 하나님께서 깨닫게 해 주신 것과 베풀어 주신 은혜를 생각하며 감사합시다. 또 깨달아 배우고 확신한 일에 거할 수 있게 해 달라고 기도합시다.

2장

소명

이 말씀은 복음을 듣는 모든 사람이 하나님께 소명, 즉 부르심을 받는다는 뜻입니다. 복음의 부르심은 죄인들에게 복음을 제시하는 것과 구원을 제안하는 것, 죄인에게 구원자로서 그리스도를 영접하라고 진심으로 초청하는 것으로 이루어져 있습니다. 이것이 바로 외적 부르심입니다.

THE WAY OF SALVATION

6 LESSONS ABOUT THE ORDER OF SALVATION

2장

소명

외적 부르심

그리스도께서는 하늘로 돌아가시기 전, "너희는 온 천하에 다니며 만민에게 복음을 전파하라."(막 16:15)고 제자들에게 명령하셨습니다. 이 말씀은 복음을 듣는 모든 사람이 하나님께 소명, 즉 부르심을 받는다는 뜻입니다. 복음의 부르심은 죄인들에게 복음을 제시하는 것과 구원을 제안하는 것, 죄인에게 구원자로서 그리스도를 영접하라고 진심으로 초청하는 것으로 이루어져 있습니다. 이것이 바로 외적 부르심입니다.

외적 부르심의 특징

1. 외적 부르심은 일반적 혹은 보편적 부르심입니다. 이 초청은 모든 사람에게까지 확대됩니다.

> 사람들아 내가 너희를 부르며 내가 인자들에게 소리를 높이노라(잠 8:4).
> 땅의 모든 끝이여 내게로 돌이켜 구원을 받으라 나는 하나님이라 다른 이가 없느니라(사 45:22).
> 원하는 자는 값없이 생명수를 받으라 하시더라(계 22:17).

2. 외적 부르심은 진실하고 호의로운 부르심입니다.

> 주 여호와의 말씀이니라 나의 삶을 두고 맹세하노니 나는 악인이 죽는 것을 기뻐하지 아니하고 악인이 그의 길에서 돌이켜 떠나 사는 것을 기뻐하노라 이스라엘 족속아 돌이키고 돌이키라 너희 악한 길에서 떠나라 어찌 죽고자 하느냐(겔 33:11)!

3. 외적 부르심은 이 부르심에 어떻게 응답하는가에 대해 사람에게 책임을 묻습니다.

> 내가 불렀으나 너희가 듣기 싫어하였고 내가 손을 폈으나 돌아보는 자가 없었고 도리어 나의 모든 교훈을 멸시하며 나의 책망을 받지 아니하였은즉 너희가 재앙을 만날 때에 내가 웃을 것이며 너희에게 두려움이 임할 때에 내가 비웃으리라(잠 1:24-26).

여러분은 이런 호의로운 초청을 모든 사람이 기쁜 마음으로 반갑게 받아들일 거라고 기대할 것입니다. 그러나 진실은, 자신의 본성으로는 하나님께서 제안하신 구원을 기꺼이 받아들이는 사람이 아무도 없다는 것입니다. 사실, 죄와 허물로 죽어 있는 사람은 하나님께서 제안하신 구원을 받아들일 능력이 없습니다. 그러면 죄인은 어떻게 구원을 받을 수 있을까요? 유일한 방법이 있습니다. 성령님께서 외적 부르심을 죄인의 마음에 적용해 주셔야만 합니다. 그때 외적 부르심은 또한 내적 부르심 혹은 효과적 부르심이 됩니다.

내적 부르심

두 사람이 똑같은 설교를 듣습니다. 그러나 한 사람은 그 설교에 감동을 받고, 다른 사람은 그렇지 않습니다. 주님께서는 여러분의 영혼에 강력하게 말씀하실 수 있습니다. 그래서 여러분이 깊은 감동을 받는 것입니다. 그런데 여러분은 자신이 경험한 것을 다른 사람들에게 전하려고 애쓸 때, 여러분이 듣고 감동받은 그 설교를 똑같이 듣고도 그 사람들은 여전히 마음이 차갑다는 것을 알게 됩니다. 우리는 똑같은 설교, 즉 하나님의 말씀에 대한 반응이 이렇게 다른 것을 어떻게 설명할 수 있을까요? 도저히 설명할 수 없습니다. 하지만 적어도 우리는 하나님께서는 하나님의 주권적 지혜로 어떤 사람들에게는 하나님의 음성을 듣게 하시고 반면에 어떤 사람들에게는 그저 설교자의 말로만 듣게 하시는 방식으로 말씀하신다는 것을 알고 있습니다. 그러므로 우리는 우리를 내적이고 효과적으로 부르시는 성령님께서 하시는 구원 사역을 위해 얼마나 기도해야 할까요!

내적 부르심의 특징

1. 내적 부르심은 하나님의 선택하시는 사랑의 열매입니다.

미리 정하신 그들을 또한 부르시고(롬 8:30).

2. 내적 부르심은 강력한 부르심입니다. 내적 부르심을 받은 사람들은 저항할 수 없습니다. 성령님께서 모든 저항을 물리치시고, 선택하신 죄인들이 구원의 제안을 기꺼이 받아들이게끔 하십니다.

영생을 주시기로 작정된 자는 다 믿더라(행 13:48).

3. 내적 부르심은 변함없는 부르심입니다. 이 말은 내적 부르심을 받은 사람들은 구원을 받고, 하나님께서는 자신이 부르신 것을 취소하려고 하나님의 생각을 절대 바꾸지 않으실 거라는 뜻입니다.

하나님의 은사와 부르심에는 후회하심이 없느니라(롬 11:29).

더 깊은 공부와 나눔을 위한 질문

1. 외적 부르심은 무엇입니까?

2. 외적 부르심의 특징을 말해 봅시다.

3. 복음을 듣는 모든 사람이 기쁜 마음으로 받아들입니까? 그렇지 않다면 그 이유를 말해 봅시다.

4. 그러면 죄인은 어떻게 구원을 받을 수 있습니까? 유일한 방법을 말해 봅시다.

5. 외적 부르심과 내적 부르심은 무엇이 다릅니까?

6. 내적 부르심의 특징을 말해 봅시다.

7. 내적 부르심이 우리에게 주는 위로는 무엇인지 나눠 봅시다.

<2장 소명>을 읽으면서 하나님께서 깨닫게 해 주신 것과 베풀어 주신 은혜를 생각하며 감사합시다. 또 깨달아 배우고 확신한 일에 거할 수 있게 해 달라고 기도합시다.

3장

중생

하나님께서 죄인을 구원하시는 방식으로 부르실 때 중생이 일어납니다. 중생 혹은 거듭남은 구원에 꼭 필요합니다. 예수님께서 니고데모에게 말씀하신 것처럼 말입니다. "사람이 거듭나지 아니하면 하나님의 나라를 볼 수 없느니라"(요 3:3).

THE WAY OF SALVATION

6 LESSONS ABOUT THE ORDER OF SALVATION

3장

중생

내적 부르심은 중생을 낳는다

하나님께서 죄인을 구원하시는 방식으로 부르실 때 중생이 일어납니다. 중생 혹은 거듭남은 구원에 꼭 필요합니다. 예수님께서 니고데모에게 말씀하신 것처럼 말입니다. "사람이 거듭나지 아니하면 하나님의 나라를 볼 수 없느니라"(요 3:3).

여기서 "본다"는 말은 하나님 나라의 의미를 인식하는 것, 알아보고 인정하는 것 혹은 이해한다는 것입니다. 니고데모는 영적 실재에 대해 눈이 멀어 있었습니다. 그런데 이스라엘의 선생이었습니다! 눈이 멀었을 뿐만 아니라 어둠에 뒤덮여

있었습니다. 요한복음 3장에서 예수님께서는 사람들은 어둠에 있고, 어둠을 사랑하며, 빛을 피해 숨는다고 말씀하십니다(19-20절 참고). 바울은 사람들이 어둠에 있다고 말합니다(엡 5:11 참고). 어둠에 있는 사람들은 흑암의 나라에 속한 것이고, 흑암의 권세에 지배를 받습니다(골 1:13 참고).

그런데 슬픈 사실은, 눈이 멀고 어둠 가운데 더듬거리는 많은 사람이 자신들이 영적 실재를 또렷이 보며 잘 알고 있다고 믿는다는 것입니다. (아마 니고데모를 포함한) 바리새인들은 자신들에게 영적으로 무지하다고 넌지시 말씀하셨던 예수님께 이렇게 말한 적이 있습니다. "우리도 맹인인가"(요 9:40)? 다른 말로 하면, 바리새인들은 자신들이 온전히 본다고 생각했습니다(요 9:41 참고).

이처럼 우리는 다 본성에 따라 생각합니다. 우리가 우리 자신 안에 남겨져 스스로 선택해야 한다면, 우리는 거듭나야 할 필요성조차 모릅니다.

거듭남의 특징

1. 거듭남은 하늘에서 나는 것입니다.

예수님께서는 니고데모에게 이 사실을 누누이 강조하셨습니다. "거듭남"이라는 말은 "위에서부터 나는 것"으로도 옮길 수 있습니다. 요한복음 3장 31절, 19장 11절, 23절은 "위에서부터 아래로"라는 이 말뜻을 잘 보여 줍니다. 즉 거듭남이 하늘에서 기원한다는 것을 가리킵니다.

2. 거듭남은 주권적으로 주어지는 것입니다.

예수님께서는 "바람이 임의로 불매 네가 그 소리는 들어도 어디서 와서 어디로 가는지 알지 못하나니 성령으로 난 사람도 다 그러하니라."(요 3:8)고 말씀하셨습니다. 우리는 바람을 주관할 수 없습니다. 바람에게 이 길로 혹은 저 길로 가라고 명령할 수 없습니다. 중생하는 데 성령의 사역도 마찬가집니다. 성령님께서는 자신이 원하시는 사람들 안에서 이 기적을 다 일으키십니다.

3. 거듭남은 수동적으로 받아들이는 것입니다.

따라서 죄인은 거듭나는 과정에서 수동적입니다. 아무도 자신의 어머니 태에서 나기 위해 선택하지 않는 것과 똑같이 아무도 거듭나기 위해 스스로 마음먹을 수 없습니다. 어떤 상황에서도 사람이 주관할 수 없는 것이 바로 거듭남입니다. 거듭남은 각각 체험합니다. 우리는 다시 태어나는 것입니다.

4. 거듭남은 열매와 증거가 확실함으로 말미암아 드러납니다.

예수님께서는 "네가 그 소리는 들어도"(요 3:8) 하고 말씀하셨습니다. 우리는 바람을 볼 수 없습니다. 하지만 소리는 들을 수 있습니다. 거듭남은 비밀스럽게 일어납니다. 하지만 거듭남의 결과로 말미암아 거듭남의 실재를 볼 수 있습니다. 영적 갓난아기는 부르짖거나 기도할 것입니다. 또 즐겨 하던 죄를 버리고 하나님을 위해 살기 시작할 것입니다. 사실, 그리스도인들이 하는 모든 것, 즉 회개, 믿음, 하나님과 그리스도를 사랑하는 것, 성도들 간 교제하는 것 등은 다 거듭났기에 맺는 열매입니다.

5. 거듭남은 전인이 변하는 것입니다.

거듭남의 변화의 능력은 전체적입니다. 그러나 이 말은 그리스도 안에서 새로운 피조물이 완벽하다는 말이 아닙니다. 거듭난 사람은 그리스도 안에 있기는 하지만 여전히 옛 본성이 남아 있습니다.

전적 타락이라는 말은 죄가 삶의 모든 영역에 영향을 끼쳤다는 것입니다. 그런 것처럼 은혜도 우리의 모든 경험에 미칩니다. 자궁에 있는 태아처럼 하나님의 형상이 회복되는 것은 거듭남을 통해 이루어집니다. 그러고 나서 그리스도인이 경험하는 성숙한 단계로 성장하기 시작합니다.

- 중생할 때 생각이 조명을 받습니다: "예전에는 내가 맹인이었으나 이제는 보나이다!" 하고 존 뉴턴John Newton은 외쳤습니다.[2] 자기 자신과 세상에 대해 완전히 새로운 관점을 갖게 됩니다. 중생할 때 마음이 정결해집니다. 아마 이것이 "물로 나면"(요 3:5 참고) 하고 그리스도께서 하신 말씀의 뜻일 것입니다. 하나님께서는 에스겔을 통해 약속하셨습니다. "맑은 물을 너희에게 뿌려서 너희로 정결하게 하되 곧 너희 모든 더러운 것에서와 모든 우상 숭배에서 너희를 정결하게 할 것이며"(겔 36:25).

- 중생할 때 의지가 바뀝니다: 중생하지 않는 동안 우

2) 새찬송가 305장 "나 같은 죄인 살리신" 1절 후반부-옮긴이 역.

리의 의지는 하나님의 뜻에 반대합니다. 중생을 통해 이 것이 바뀌어 우리는 자원하게 됩니다. 하나님의 명령에 순종하려고 주의 권능의 날에 즐거이 헌신하게 됩니다 (시 110:3 참고).

- 중생할 때 정서가 새로워집니다: 우리는 이전에 사랑했던 것들을 미워하게 되고, 미워했던 것들을 사랑하게 됩니다. 전에는 영적인 것들에 대한 맛을 몰랐는데, 이제는 똑같은 것들로 기쁨을 맛봅니다. 하나님의 갓난 아기는 이제 자신을 구원에 이르도록 자라게 해 줄 신령한 젖을 갈망합니다. 주님의 인자하심을 맛보았으면 더욱 그리할 것입니다(벧전 2:2-3 참고)! 중생은 하나님을 예배하고자 하고 하나님의 진리를 알고자 하는 갈망을 창조합니다. 또 하나님의 사람들을 만나고자 하고 하나님의 나라를 섬기며 하나님의 아들을 사랑하고 공경하고자 하는 열망을 창조합니다.

이런 열망은 온전하지 않습니다. 밀물과 썰물처럼 밀려 들어왔다가 이내 밀려 나가기도 합니다. 때로 우리는 자신의 연

약함 때문에 애통해합니다. 이처럼 이상적 모습에는 부족할지 모르지만 그래도 우리는 지난날의 우리가 아닙니다. 이제 그리스도께서 계신 위의 것을 생각합니다(골 3:1-2 참고).

중생에 대한 잘못된 개념

1. 중생하는 데, 하나님께서는 죄인들의 마음을 불가항력적으로 바꾸십니다. 어떤 사람들은 이 말이, 하나님께서 사람이 하고자 하지 않는 것을 어쩔 수 없이 하게끔 만드는 거라고 생각합니다. 이 말은 옳지 않습니다. 하나님께서는 아무에게도 강압하시거나 그 사람의 의지를 위협하지 않으십니다. 불가항력적 은혜라는 말뜻은 하나님께서 죄인들의 마음에 역사하게끔 자신의 성령을 보내시는 것입니다. 그러면 성령님께서는 죄인들의 의지를 달콤하면서도 강력하게 구부리십니다. 그 결과, 죄인들은 자신이 짓던 죄들을 그만두고 하나님의 영광을 위해 살고 싶어하게 됩니다.

2. 중생하는 데, 수동적이라는 것은 죄인이 힘이 없고 소극적이라는 말이 아닙니다. 사람은 허물과 죄로 죽어 있습니다.

하지만 이 영적 죽음은 자연적 죽음과는 달리 적극적인 것입니다. "죽어 있는" 죄인은 싸우고, 반역하고, 저항하고, 미워합니다. 그렇다고 하나님께서 죄인을 지각 없는 돌이나 나무처럼 대하지는 않으십니다. 오히려 자신이 지은 죄들에 책임을 져야 하는 이성적이고 도덕적인 피조물로서 대하십니다. 죄인은 자신의 구원에 아무것도 기여한 것이 없기에 수동적입니다. 오직 주권적 은혜로 중생합니다.

3. 중생은 핵심 교리입니다. 하지만 중생만 설교해야 하는 것은 아닙니다. 어떤 사람들은 "여러분은 반드시 거듭나야 합니다!" 하고 너무 강조하는 바람에 다른 것들은 잘 이야기하지 않습니다. 특히 오늘날 아주 많은 사람이 거듭나야 하는 것을 설교하면서 주장하는데, 이때 균형을 이루는 것이 중요합니다. 우리는 참으로 중생의 필요성을 강조해야 합니다. 하지만 마찬가지로 그리스도를 믿는 믿음으로 죄인들을 초청해야 합니다.

바울이 설교할 때 반복했던 내용은 십자가에서 죽으시고, 부활하시고, 높이 되신 그리스도께 사람들이 믿고 회개함으로 돌이키라는 것이었습니다. 이에 대응해서 사람이 먼저 거듭나지 않는다면, 믿고 회개할 수 없다고 말하면서 아무것도 하지 않는 것은 비성경적이고 그릇되고 수동적 접근 방법입니다.

오히려 우리는 모든 죄인에게 그리스도께서 요구하시는 것을 강조하면서 자신의 힘으로는 그 요구들을 충족시킬 수 없다는 것, 그래서 죄인들은 하나님께 부르짖을 것이고, 그러면 하나님께서는 죄인들 자신은 스스로 절대 할 수 없는 것을 죄인들을 위해 하신다는 사실을 떠올려 주는 편이 더 낫습니다.

더 깊은 공부와 나눔을 위한 질문

1. 중생이란 무엇이고 언제 일어납니까?

2. 요한복음 3장 3절을 읽어 본 후, 여기서 "본다"는 말뜻이 무엇인지 나눠 봅시다.

3. 거듭남이 하늘에서 나는 것임을 설명하고 나눠 봅시다.

4. 거듭남이 주권적으로 주어지는 것임을 설명하고 나눠 봅시다.

5. 거듭남이 수동적으로 받아들이는 것임을 설명하고 나눠 봅시다.

6. 거듭남은 열매와 증거가 확실함으로 말미암아 드러나는 것임을 설명하고 나눠 봅시다.

7. 거듭남은 전인이 변하는 것임을 설명하고 나눠 봅시다.

8. 이런 열망은 온전합니까? 자신을 돌아보고, 나눠 봅시다. 그런 후 하나님의 은혜를 간절히 구합시다.

9. 중생에 대한 잘못된 개념을 읽고, 바른 개념을 정리해 봅시다.

<3장 중생>을 읽으면서 하나님께서 깨닫게 해 주신 것과 베풀어 주신 은혜를 생각하며 감사합시다. 또 깨달아 배우고 확신한 일에 거할 수 있게 해 달라고 기도합시다.

4장

회심

우리 본성이 바뀌고 생각과 삶도 바뀔 때, 하나님의 성령의 사역은 마음이 중생하는 데서 멈추지 않습니다. 우리 안에서 거듭나게 역사하시는 성령님께서는 또한 우리를 삶의 새로운 길로 인도하십니다. 우리는 삶에서 일어난 이 위대한 변화를 회심이라고 말합니다.

THE WAY OF SALVATION

6 LESSONS ABOUT THE ORDER OF SALVATION

4장

회심

회심이란 무엇인가

우리 본성이 바뀌고 생각과 삶도 바뀔 때, 하나님의 성령의 사역은 마음이 중생하는 데서 멈추지 않습니다. 우리 안에서 거듭나게 역사하시는 성령님께서는 또한 우리를 삶의 새로운 길로 인도하십니다. 우리는 삶에서 일어난 이 위대한 변화를 회심이라고 말합니다. 회심은 죄에서 돌이켜 하나님을 향하는 것입니다. 성경은 죄에서 돌이키는 것을 회개, 하나님을 향해 돌이키는 것을 믿음이라고 말합니다.

우리는 자신이 거듭났다는 사실에 대한 증거로서 두 가지를 꼭 경험해야 합니다. 바로 회개와 믿음입니다. 이번 장에서는 두 가지 은혜 중에서 회개만을 다루겠습니다.

회개

성경은 우리에게 회개가 필요하다는 것을 아주 분명하게 가르칩니다. 이사야는 "우리는 다 양 같아서 그릇 행하여 각기 제 길로 갔거늘"(사 53:6) 하고 말합니다.

우리는 본성에 따라 자신을 주와 선생으로 삼습니다. 우리 자신의 삶을 살기를 바라고, 자신의 결정을 따르고, 자신이 하고자 하는 것을 합니다. 그렇기 때문에 우리는 반드시 회개해야 합니다. 회개하지 않는다면, 멸망으로 치닫게 됩니다. 왜냐하면 우리가 가고 있는 그 길은 하나님에게서 어긋나게 하고, 바로 지옥으로 이끄는 길이기 때문입니다.

회개가 무엇입니까? 회개한다는 것은 죄에서 돌이키는 것입니다. 그리고 회개는 늘 생각과 마음과 의지의 변화를 포함합니다. 이 변화는 무엇보다 다음 네 가지와 관련이 있습니다. 즉 하나님과 우리 자신, 죄, 의에 대한 생각의 변화입니다.

중생하지 않은 상태에서 하나님과 우리 자신, 죄, 의에 대한 우리의 생각은 본디 왜곡되어 있습니다. 중생은 우리 생각과 마음을 변화시킵니다. 근본적으로 새롭게 합니다. 이전 것은 지나가고 다 새 것이 됩니다(고후 5:17 참고).

회개는 죄에 대한 슬픔을 포함합니다. 그저 일반적으로 짓는 죄뿐 아니라 특정한 죄들에 대해서도 슬퍼합니다. 다른 사람들이 일반적으로 짓는 죄나 심지어 특정한 죄들에 대해 맹렬히 비난하는 것은 너무 쉽습니다. 그러나 우리 자신이 짓는 특정 죄들에 대해서는 뉘우치지 않습니다. 그러므로 성령님께서는 우리 자신이 짓는 특정한 죄들로부터 우리의 죄 된 본성 혹은 마음을 지도하실 것입니다. 그리고 우리는 죄로 생긴 이 슬픔으로 말미암아, 인식하게 된 모든 죄를 그만두고 실제로 죄를 버리는 결심을 할 것입니다.

회개의 공통 특징

죄인이 회개하면 무엇을 경험하게 될까요? 회개할 때 느끼는 감정의 깊이는 사람마다 다른 상황과 과거 행동에 따라 다를 것입니다. 그래도 진실하게 회개하는 모든 사람에게는 공통된 특징이 있습니다.

1. 수치심이 생깁니다.

우리는 우리의 죄가 우리를 타락시킨 것을 알게 됩니다. 더 중요한 것은 죄가 우리 안에 있는 하나님의 영광인 하나님의 형상을 앗아 갔다는 것을 알게 됩니다.

2. 수치심은 겸손으로 이끕니다.

우리가 처음 우리의 죄들과 마주하게 될 때, 우리는 자주 자신을 옹호하려고 애씁니다. 하지만 하나님께서 참된 회개를 하게 하시는 그 자리에서 자신을 감싸던 입을 다물게 됩니다. 그러고는 하나님 앞에서 죄를 고백하고 겸손해집니다(롬 3:19 참고).

3. 겸손은 우리 마음을 슬픔과 후회로 가득 채웁니다.

우리가 하나님을 불쾌하시게 했고, 그리스도를 거부했으며, 주변에 있는 사람들을 아프게 한 것 등으로 고통하며 슬픔에 빠질 것입니다. 또 너무 많은 시간을 허비하면서 죄와 세상을 섬긴 것을 후회하게 됩니다.

4. 죄의 참된 본질을 깨닫게 됩니다.

사탄은 늘 죄를 선하고 매력적인 것으로 보이게끔 합니다. 하지만 하나님께서 우리를 구원하실 때, 하나님께서는 우리의 생각에 빛을 비춰 주십니다. 그러면 우리는 죄의 추악한 참상에 대해 모든 것을 알게 됩니다. 죄의 사악함을 알게 됩니다. 그제야 우리는 죄를 미워할 것이고, 죄에게서 도망칠 것입니다. 참 회개하는 죄인에게 죄는 위험한 것일 뿐만 아니라 혐오스러운 것입니다.

5. 슬픔으로 말미암아 하나님의 긍휼을 신뢰하면서 하나님께로 돌이킵니다.

『웨스트민스터 신앙고백』에서 생명에 이르는 회개를 아주 아름답게 정의내리고 있습니다.

> 회개로 말미암아, 죄인은, 그 위험성을 보고 느낄 뿐만 아니라 자기 죄가 하나님의 거룩한 본성과 하나님의 의로운 율법에 반대되는 것으로서 더럽고 혐오스럽다는 것을 보고 느끼게 됨으로써, 그리고 회개하는 자들에게 그리스도 안에서 긍휼을 베푸신다는 것을 깨닫게 될 때, 자신의 죄를 슬퍼하고 미워하

여, 그 모든 죄에서 돌이켜 하나님께로 가게 된다. 그리고 하나님의 계명의 모든 길을 따라 하나님과 동행하기로 작정하고 노력한다.[3)]

"깨닫는다"는 말은 무엇이 포함되어 있는지를 인식한다는 뜻입니다. 회개하는 죄인은 만일 하나님께서 죄악을 보여 주신다면 자신은 하나님 존전에 설 수 없다는 것을 압니다. 하지만 주님께서 이 사실을 자신에게 드러내서 보여 주셨고, 사유하심이 주님께 있다는 것도 깨닫습니다(시 130:3-4 참고). 우리는 자신의 죄에서 눈을 돌이켜 하나님 얼굴만을 바라볼 때, 비로소 하나님께서 용서해 주시는 은혜를 깨닫고 회개합니다. 이것이 우리를 이끌어 회개하게 하시는 주님의 인자하심입니다(롬 2:4 참고). 율법은 죄책감과 필요를 드러내면서 심판으로 이끕니다. 그러나 오직 은혜가 용서를 제안하면서 나타날 때, 하나님의 사랑의 햇살은 우리 마음을 녹아내리게 할 것이고, 우리를 하나님께로 돌이키게 할 것입니다.

---

3) R. C. 스프로울, 『웨스트민스터 신앙고백 해설』 3권, 이상웅·김찬영 공역 (서울: 부흥과 개혁사, 2011), 2: p. 195.

더 깊은 공부와 나눔을 위한 질문

1. 회심이란 무엇입니까?

2. 회심의 두 부분은 무엇입니까?

3. 우리는 왜 회개해야 합니까?

4. 회개가 무엇입니까?

5. 회개는 세 가지 변화를 포함합니다. 세 가지를 말해 봅시다.

6. 회개는 죄에 대한 슬픔을 포함합니다. 이 말을 설명해 봅시다.

7. 회개의 공통 특징을 설명해 봅시다.

1) 수치심

2) 겸손

3) 슬픔과 후회

4) 죄의 참된 본질을 깨달음

5) 하나님의 긍휼을 신뢰하면서 하나님께로 돌이킴

<4장 회심>을 읽으면서 하나님께서 깨닫게 해 주신 것과 베풀어 주신 은혜를 생각하며 감사합시다. 또 깨달아 배우고 확신한 일에 거할 수 있게 해 달라고 기도합시다.

5장

믿음

죄에서 돌이키는 것이 회개라면, 하나님께로 돌이키는 것은 믿음입니다. 그리스도 안에서 하나님께서 긍휼을 베푸신다는 사실을 깨닫는 것을 포함하는 것으로서 회개를 말할 때, 믿음에 대해 이미 어느 정도 말했습니다.

THE WAY OF SALVATION

6 LESSONS ABOUT THE ORDER OF SALVATION

5장

믿음

죄에서 돌이키는 것이 회개라면, 하나님께로 돌이키는 것은 믿음입니다. 그리스도 안에서 하나님께서 긍휼을 베푸신다는 사실을 깨닫는 것을 포함하는 것으로서 회개를 말할 때, 믿음에 대해 이미 어느 정도 말했습니다.

믿음이란 무엇인가

『하이델베르크 교리문답』Heidelberg Catechism 21문답을 보면 믿음이 무엇인지 잘 알 수 있습니다.

21문. 참된 믿음이란 무엇입니까?

답. 참된 믿음이란 하나님께서 그의 말씀 속에서 우리에게 계시하신 모든 것을 진리로 여기는 확실한 지식인 동시에, 하나님께서 값없이 은혜로 오직 그리스도의 공로로 말미암아 죄사함과 영원한 의와 구원을 다른 이들에게만이 아니라 나에게도 베풀어 주셨다는 견고한 신뢰로서, 성령께서 복음을 통하여 나의 마음속에서 일으키시는 것입니다.[4)]

다시 말하자면, 믿음은 확실한 지식과 견고한 신뢰로 이루어집니다. 우리는 성경이 말하는 것을 다 믿습니다. 또 그리스도로 말미암아 구원의 약속을 다른 이들에게만이 아니라 우리에게도 베풀어 주셨다는 것을 신뢰합니다.

사람이 하는 행위로서 믿음

중생은 하나님께서 하시는 행위입니다. 하나님 홀로 하십니다. 그러나 믿음은 하나님께서 하시는 행위가 아닙니다. 하

4) 자카리아스 우르시누스, 『하이델베르크 요리문답 해설』 원광연 옮김(경기도: 크리스챤 다이제스트, 2006), p. 201.

나님께서 구원을 위해 그리스도를 믿는 것이 아니라 죄인이 구원을 위해 그리스도를 믿는 것입니다. 사람이 믿을 수 있는 것은 하나님의 은혜뿐입니다. 그러나 믿음은 인간 편에서만 하는 행위입니다.

믿음과 믿음의 대상

우리는 무엇을 혹은 누구를 믿는 것입니까? 구원 얻는 믿음의 대상은 모든 것에 충분하시고 죄인을 구원하기 원하시는 구원자로서 복음에서 제안된 그리스도입니다. 『웨스트민스터 소교리문답』Westminster Shorter Catechism 86문답은 이렇게 말합니다.

> 예수 그리스도를 믿는 믿음이란 구원의 은혜인데, 이로써 우리는 구원을 위해 복음이 전해 주는 대로 예수 그리스도를 받아들이고 영접하는 것입니다.[5]

---

5) 『웨스트민스터 소교리문답』 백금산 편역(서울: 부흥과개혁사, 2009), p. 64.

믿음의 보증(자격)

죄인은 무슨 보증 혹은 권리로 그리스도께 자신을 의탁해야 할까요? 죄인은 주님께서 자신을 받아들여 주실 것을 어떻게 알 수 있을까요? 그리스도께서 구원하실 수 있다거나 자신이 가진 확신이 잘못된 것이 아님을 어떻게 알 수 있을까요? 또 그리스도께서 죄인인 자신을 기꺼이 구원하신다는 것을 어떻게 알 수 있을까요?

이 보증은 복음의 보편적 부르심에 기초합니다. 하나님께서는 모든 죄인을 자신의 아들이신 그리스도께로 오게끔 초청하십니다. 또 누구든지 그리스도를 믿는 사람은 멸망하지 않고 영생을 얻을 것을 확신하게끔 하십니다. 구원자께서는 직접 이렇게 말씀하셨습니다. "내게 오는 자는 내가 결코 내쫓지 아니하리라"(요 6:37). 왜냐하면 하나님께서는 우리가 하나님께 나아가도 되고, 하나님께 나아가는 것이 잘못된 게 아니라 오히려 하나님을 기쁘시게 하는 거라고 말씀하셨기 때문입니다.

우리는 복음이 죄인들에게 값없이 전해 주는 그리스도를 믿습니다.

구원 얻는 믿음과 믿음의 확신

구원 얻는 믿음은 우리가 구원받았다는 것을 믿는 믿음이 아니라 구원받고자 그리스도 안에서 갖는 신뢰 혹은 확신입니다. 오직 우리가 우리 자신을 그리스도께 맡긴 후에 구원받은 것을 결론 내리는 것처럼 말입니다. 구원 얻는 믿음은 믿음의 확신 혹은 구원의 확신을 갖게 합니다.

구원 얻는 믿음을 명확하게 하는 것은 퍽 중요합니다. 어떤 사람들이 그러하듯, 사람이 복음의 약속을 믿고 그리스도께 나아오기 전에, 먼저 우리가 구원받은 것 혹은 선택받은 것을 알아야만 한다고 주장하는 것은, 수레를 말 앞에 놓는 것입니다. 그러니까 믿음의 보증은 우리가 선택을 받았거나 중생했거나 구원받은 것을 확신하는 것이 아니라, 그리스도께서 우리가 그리스도로 말미암아 구원받기 위해 우리 영혼을 그리스도께 맡기게끔 우리를 초청하시는 것입니다. 우리가 우리 자신을 그리스도께 내어맡기는 것은 우리의 택함을 확신하는 자로서가 아닙니다. 잃어버린 죄인으로서입니다. 우리가 자신을 그리스도께 의탁하는 것은 우리가 구원받았다는 것을 믿기 때문이 아닙니다. 오히려 잃어버린 죄인으로서 구원받고자 함입니다.

무엇이 먼저인가? 회개? 아니면 믿음?

성경이 두 낱말을 위와 같은 순서로 자주 언급하기에, 경험상 많은 사람이 회개가 믿음에 앞선다고 생각합니다. 그 결과, 어떤 사람들은 죄인이 자신의 죄를 한탄하기 전까지는 절대 그리스도를 믿으려고 하지 않을 거라고 가르칩니다. 그러고는 회개가 반드시 늘 먼저 있어야 한다고 주장합니다.

이것은 옳지 않습니다. 이 사람들은 회개를 죄에 대한 확신과 혼동하기 때문입니다. 이런 생각은 또한 회개에 대한 일정량이 믿음을 위한 하나의 자격으로서 필요하다는 관점을 갖게 합니다. 하지만 죄에 대한 확신은 회개가 아닙니다. 또한 하나님의 많은 사람이 회심하기 전보다 회심한 후에 죄에 대한 확신을 더 깊이 경험했습니다.

이로써 어떤 사람들은 믿음이 항상 회개보다 먼저 온다고 말합니다. 이 관점의 바탕이 되는 성경 구절은 시편 130편 4절, 사도행전 2장 38절입니다. 믿음이 회개보다 항상 앞선다고 말하는 사람들은 오직 죄인이 믿음으로 용서의 약속을 꼭 붙잡을 때, 회개의 밧줄로 그리스도께 인도함 받을 거라고 믿습니다(싱클레어 퍼거슨Sinclair Ferguson). 아마 가장 좋은 방법은 회개와 믿음을 샴쌍둥이처럼 나뉠 수 없는 것으로 보는 것입니다(찰스 스펄전Charles Spurgeon). 존 머레이John Murray가 이 주제에 대해 잘 말하고 있습니다. 머레이는 회개와 믿음 중 어떤 것이 먼저인지에 관한 모든 질문을 불필요하고 헛된 것으로 여겼습니다.

> 믿음과 회개에 우선성 같은 것은 없다. 구원에 이르는 믿음은 돌이키는 믿음이요, 생명에 이르는 회개는 믿음으로 하는 회개다……죄로부터 구원을 얻기 위해 그리스도를 믿는 것이 믿음이라는 것을 기억할 때, 믿음과 회개가 상호 의존적으로 역사한다는 것을 분명히 알 수 있다. 그러나 죄로부터 구원받기를 바라는 믿음은 죄를 미워하고 죄로부터 자유롭게 되기를 갈망한다. 죄를 향한 이런 증오는 죄로부터 하나님께로 돌이키는 회개를 포함한다. 다시 말하지만, 죄로부터 하나님께로 돌이키는 것이 회개라는 사실을 기억한다면, 하나님께로 돌이키는 데에는 당연히 그리스도 안에서 계시된 하나님의 긍휼을 믿는 믿음이 함축되어 있음을 알 수 있다. 믿음과 회개는 따로 분리

할 수 없다. 구원에 이르는 믿음은 회개로 아로새겨져 있고 회개는 믿음으로 수놓아진다. 믿음과 회개를 행사함으로 거듭남이 우리 안에서 소리를 발하는 것이다.[6)]

믿음의 정도

믿음은 더 크거나 작은 정도의 차이가 있습니다. 신약 성경은 다음과 같이 말합니다.

1. 작은 믿음(마 6:30; 8:26; 14:31; 16:8 참고)
2. 큰 믿음(마 8:10; 15:28 참고)
3. 약한 믿음과 강한 믿음(롬 14:19-20 참고)
4. 자라나는 믿음(살후 1:3 참고)
5. 거짓이 없는 믿음 혹은 진실한 믿음(딤후 1:5 참고)
6. 온전한 믿음(딛 1:13; 2:2 참고)
7. 확신하는 믿음(히 10:22 참고)[7)]
8. 파선한 믿음(딤전 1:19 참고)

---

6) 존 머레이, 『구속』 장호준 옮김(서울: 복 있는 사람, 2011), pp. 169-170.

7) 개역개정 성경에는 "온전한 믿음"으로 나와 있으나 이 책에서는 "확신하는 믿음"이라고 옮겼습니다-옮긴이 주.

믿음의 정도가 가지각색일지라도, 믿음은 믿음 자체가 아니라 믿음의 대상에게서 믿음의 특징과 우수함이 정해진다는 사실을 기억하는 것이 중요합니다. 우리 믿음이 약하든 강하든 간에 우리는 우리가 소유한 그리스도와 그리스도의 약속들을 꽉 붙들어야만 합니다. 믿음이 약한 사람도 믿음이 강한 사람처럼 강하신 그리스도를 똑같이 소유하고 있습니다.

믿음의 대상은 변하지 않으십니다. 예수 그리스도께서는 어제나 오늘이나 영원토록 동일하십니다(히 13:8 참고). 그러나 그리스도를 향한 우리의 사랑, 그리스도의 은혜와 인자하심에 대한 우리의 지식, 그리스도의 방법에 대한 우리의 지식, 그리스도의 능력에 대한 우리의 경험은 자라거나 줄어듭니다. 이런 것들의 성장에 비례하여 믿음이 굳건해집니다. 그러므로 우리는 우리가 가진 믿음의 정도에 상관없이 제자들과 더불어 언제나 이렇게 구해야 합니다. "주여, 우리에게 믿음을 더하소서"(눅 17:5)!

더 깊은 공부와 나눔을 위한 질문

1. 『하이델베르크 교리문답』 21문답을 보고 믿음이 무엇인지 말해 봅시다.

2. 사람이 하는 행위로서 믿음을 설명해 봅시다.

3. 구원 얻는 믿음의 대상을 설명해 봅시다.

4. 믿음의 보증을 설명해 봅시다.

5. 구원 얻는 믿음과 구원의 확신을 설명해 봅시다.

6. 회개와 믿음 중 어느 것이 먼저 옵니까? 나눠 봅시다.

7. 믿음의 특징과 우수함이 정해지는 것은 무엇으로부터입니까? 이로써 우리가 받는 위로를 나눠 봅시다. 또한 우리가 애써야 하는 부분을 생각해 본 후 나눠 봅시다.

<5장 믿음>을 읽으면서 하나님께서 깨닫게 해 주신 것과 베풀어 주신 은혜를 생각하며 감사합시다. 또 깨달아 배우고 확신한 일에 거할 수 있게 해 달라고 기도합시다.

6장

칭의

"죄인이 어떻게 하면 거룩하신 하나님과 바른 관계가 될 수 있나요?"로 바꾸겠습니다. 이에 성경이 말하는 답은 더없이 간단합니다. "믿음으로 말미암아 그리스도 예수 안에서"(갈 3:26)입니다. 하나님께서는 자신이 주신 구원자를 믿는 사람을 의로운 자로 여겨 주십니다.

THE WAY OF SALVATION

6 LESSONS ABOUT THE ORDER OF SALVATION

6장

칭의

"사람이 어떻게 하면 하나님과 바른 관계가 될 수 있나요?" 아마 이것은 살면서 누구나 할 수 있는 가장 중요한 질문입니다. 저는 이 질문을 조금 바꿀 겁니다. 하지만 단순한 것은 아닙니다. "사람이 어떻게 하면 하나님과 바른 관계가 될 수 있나요?"를 "죄인이 어떻게 하면 거룩하신 하나님과 바른 관계가 될 수 있나요?"로 바꾸겠습니다. 이에 성경이 말하는 답은 더없이 간단합니다. "믿음으로 말미암아 그리스도 예수 안에서"(갈 3:26)입니다. 하나님께서는 자신이 주신 구원자를 믿는 사람을 의로운 자로 여겨 주십니다.

그러나 성경이 주는 답이 간단하다 해도, 본성으로는 아무도 이 사실을 이해할 수 없습니다. 이것은 성령님께서 우리에게 드러내 보여 주셔야만 하는 신비입니다. 오로지 성령님만이 지옥에 가야 마땅한 죄인이 어떻게 용서받고 영생할 수 있는 권리를 받을 수 있는지 우리에게 보여 줄 수 있으십니다.

바울

이 신비에 대한 계시는 사도 바울의 삶에서 큰 전환점이 되었습니다. 바울은 회심하기 전, 바리새인으로서, 하나님의 율법에 엄격하게 순종함으로 말미암아 하나님께서 보시기에 자신은 의롭다고 생각했습니다. 심지어 그리스도인들을 박해함으로써 자신이 하나님을 위한 일을 한 거라고까지 생각했습니다.

다메섹으로 가는 길에, 예수님께서 바울에게 하늘에서부터 말씀하시고, 바울로 하여금 자신의 추악한 죄들을 보게 하셨을 때, 모든 것이 변했습니다. 그때 바울은, 주님께서 보시기에 자신의 의는 아무 가치가 없고, 오직 그리스도의 온전한 의만이 바울 자신을 구원할 수 있다는 것을 깨달았습니다. 그리스도께서 십자가상에서 다 이루신 것을 오직 믿음으로 바울은 하나님과 바른 관계를 맺을 수 있었습니다. 이것이 바로 우리가 말하는 오직 믿음으로 말미암은 칭의입니다.

루터

16세기에 루터는 칭의 교리를 재발견했습니다. 루터가 했던 고민은 바울이 했던 고민과 거의 정확하게 일치합니다. 루터도 이 문제로 고통스러워했습니다. "죄인인 나는 어떻게 하면 하나님 앞에서 의롭게 될 수 있을까?" 루터는 성경에 있는 규례를 다 지키려고 애썼습니다. 여러 날을 금식했고, 많은 고통으로 자신을 스스로 괴롭게 했습니다. 하지만 루터의 양심은 평안해지지 않았습니다. 그러던 어느 날, 로마서를 읽다가 믿음으로 말미암은 칭의에 대한 진리가 루터를 사로잡았습니다. 루터는 칭의가 하나님께서 우리에게 요구하시는 의로 말미암아 이루어지는 것이 아니라(우리는 아무리 애쓴다 해도 절대 만들어 낼 수 없습니다), 하나님께서 그리스도 안에서 우리에게 거저 주시는 의로 말미암는다는 것을 깨달았습니다.

하나님께서 죄인들에게 주시는 의는 행위가 아니라 믿음으로 말미암아 우리 것이 됩니다. 우리 자신의 방법으로는 하나님 마음에 들 수가 없습니다. 우리가 하는 것으로는 하나님과 바른 관계를 맺을 수 있는 것이 아무것도 없습니다. 우리가 하는 가장 훌륭한 행위조차도 죄로 오염되어 있기 때문입니다. 하나님께서는 온전한 행위만을 바라십니다. 오로지 그리스도만이 하나님께서 바라시는 온전한 일을 이루셨습니다. 그 일만이 하나님을 만족시켜 드릴 수 있습니다. 이것이 바로 바울이 로마서 3장 28절에 기록해 놓은 말씀입니다. "그러므로 사람이 의롭다 하심을 얻는 것은 율법의 행위에 있지 않고 믿음으로 되는 줄 우리가 인정하노라."

칭의 : 법적 용어

성경에서 칭의와 의는 법적 용어입니다. 두 용어는 사람이 지켜야 할 법과 관련이 있습니다. 예를 들면, 대한민국에 사는 모든 국민은 대한민국 법에 따라 죄가 있거나 없거나 둘 중 하나입니다. 우리는 대부분 안전합니다. 법에 저촉되지 않았습니다. 그러나 하나님의 율법 앞에 서면, 우리는 다 죄 된 상태입니다. 하나님의 율법에 대해 모두 죄인이기 때문입니다.

따라서 다 심판 아래 있습니다. 우리 심판자로서 하나님께서는 우리에게 모두 하나님 앞에서 죄책을 선고하셨습니다.

우리가 그리스도를 믿는 순간 이 판결이 바뀝니다. 다시 심판자로서 하나님께서는 우리를 하나님 앞에서 의롭다거나 죄가 없다고 선고하십니다. 하나님의 율법이 더는 우리를 고소하지 않습니다.

하나님께서는 우리를 의롭게 만드시는 것이 아니라 의롭다고 선언하신다

칭의는 내가 하나님 앞에서 의롭다는 것을 하나님 편에서 선언해 주시는 것입니다. 하나님께서는 칭의로 말미암아 나를 의롭거나 선하거나 거룩하게 만들지 않으십니다. 칭의가 아니라 중생과 성화에서 나를 의롭거나 선하거나 거룩하게 하십니다. 로마 가톨릭이 저지른 가장 큰 잘못이 바로 칭의입니다. 칭의를 은혜의 주입으로 여겼습니다. 그래서 마치 칭의가 우리를 내적으로 의롭게 만들어 주는 것처럼 보았습니다. 로마 가톨릭에 따르면 하나님께서는 지금 나를 의로운 자로 보시는데, 그 기초가 주관적 의, 즉 내재하는 의입니다. 바로 이 주관적으로 내재하는 의 때문에 루터가 그토록 고통스럽게 세월을 보낸 것입니다. 루터는 자신에게 주관적 의, 즉 개인적 거룩이 먼저 있어야만 그 뒤에 하나님께서 자신을 용서하실 수 있다고 생각했기 때문입니다.

법정에서 무슨 일이 일어났는지 명심하라

판사가 피고인에게 무죄 판결을 내릴 때, 그 사람을 의인으로 만들지 않습니다. 단순히 증거에 기초하여, 그 사람이 해당 법과 관련하여 의롭다고 선언하는 것입니다. 다른 말로 하면, 칭의는 그야말로 피고인이 지켜야 할 법과 관련한 판사의 선언 혹은 공표입니다.

성경에 있는 예

신명기 25장 1절을 보면 "사람들 사이에 시비가 생겨 재판을 청하면 재판장은 그들을 재판하여 의인은 의롭다 하고 악인은 정죄할 것이며." 하는 말씀이 있습니다. 이 말씀은 사람을 의롭게 만들기 위한 판결 의식이 아닙니다. 이 사람들은 모두 의인은 죄가 없다고 선언을 하고, 악인은 죄가 있다고 선언해야 하는 것입니다.

잠언 17장 15절에도 이런 말씀이 있습니다. "악인을 의롭다 하고 의인을 악하다 하는 이 두 사람은 다 여호와께 미움을 받느니라." 악인을 의롭게 만드는 것은 여호와께 미움을 받을 일이 아닐 것입니다. 우리가 악인을 회심하게 할 수 있고, 악인을 의롭게 만들 수 있다면, 그것은 매우 칭찬받을 만한 일일 것입니다. 이것이 바로 하나님께서 사람을 중생하게 하실 때 하시는 일입니다. 이 말뜻은 분명합니다. 악인을 의롭다 하는 것은 악인을 의롭게 만드는 것이 아니라 악인이 의롭지 않을 때, 의롭다고 악인에게 단지 선언하는 것입니다. 하나님께서는 진리와 사실과 정반대로 판결 내리는 것을 미워하십니다.

신약 성경에서도 똑같은 것을 볼 수 있습니다. 누가복음 7장 29절은 이렇게 말합니다. "모든 백성과 세리들은……이 말씀을 듣고 하나님을 의롭다 하되." 모든 백성과 세리들이 하나님을 의롭게 만들었습니까? 당연히 아닙니다. 이 말은 모든 백성과 세리들이 하나님을 의로운 분으로 선포한 것을 뜻합니다. 모든 백성과 세리들이, 하나님께서 정당하시다고 인정했습니다.

하나님께서는 경건하지 않은 자를 의롭다 하신다

판사가 해당 법과 관련하여 어떤 사람을 의롭다고 선언할 때, 판사는 공정하게 집행하는 것입니다. 판사는 그야말로 자신이 그 사람에 대해 알게 된 것을 선언하는 것입니다. 유효한 의로움을 그 사람에게 주는 것이 아닙니다. 판사는 단순히 관련된 사람의 특성과 행동에 대해 해석합니다. 이것에 따라 판결을 내립니다. 판사는 악한 자를 악하다 하고 의로운 자를 의롭다 할 것입니다. 이처럼 판사가 내리는 선언에는 그렇게 선언되어야 할 마땅한 사실이 이미 전제되어 있는 것입니다.

그러나 지금 우리와 관련이 있는 칭의는 이것과 완전히 똑같지 않습니다. 경건하지 않은 자에 대한 하나님의 칭의기 때문입니다. 의로운 사람들에 대한 칭의가 아닙니다. 오히려 악한 사람들에 대한 칭의입니다. 그러니까 하나님의 심판과 저주 아래 있는 사람들에 대한 칭의입니다. 이것이 어떻게 가능할까요? 하나님의 심판은 언제나 진리를 따릅니다. 그러면 하나님께서는 의롭지 않고 경건하지 않은 사람들을 어떻게 의롭다 하실 수 있을까요?

우리는 여기서 아주 독특한 것과 직면합니다. 성경은 매우 명확하게 하나님께서는 경건하지 아니한 자를 의롭다 하신다고 말합니다(롬 4:5 참고). 만일 사람이 이것을 한다면, 당연히 모든 것이 잘못될 것입니다. 사람은 악한 사람을 반드시 정죄해야 합니다. 오직 의로운 사람을 의롭다 합니다. 그런데 하나님께서는 분명히 악한 사람을 의롭다 하십니다. 악한 사람을 의롭다 하신다고 해도 하나님께서는 불의하지 않으십니다. 경건하지 아니한 자를 의롭다 하실 때도 하나님께서는 의로우십니다(롬 3:26 참고). 이런 일이 어떻게 일어날 수 있을까요?

하나님께서 경건하지 않은 사람을 의롭다 하실 때, 하나님께서는 죄인이 하나님 앞에서 의롭다고 선언해 주실 뿐만 아니라 실제로 의롭게 된 것으로 여겨 주십니다. 이 사실은 하나님께서 죄인을 내적으로 의롭게 만들어 주시는 거라고 말하는 것이 아닙니다. 오히려 "~이 되는 것으로 여겨 주신다"는 말은 하나님과 바른 관계를 수립하는 것입니다.

이 점을 잘 보여 주는 성경 본문을 다시 봅시다. 바울은 로마서 5장 19절에서 칭의에 대해 이렇게 말합니다. "한 사람이 순종하지 아니함으로 많은 사람이 죄인 된 것같이 한 사람이 순종하심으로 많은 사람이 의인이 되리라." 하나님께서는 그리스도를 믿는 사람들을 의롭다고 선언해 주십니다. 그리스도를 믿는 사람들은 그리스도 안에서 자신들의 덕성으로 말미암아 정말로 의롭기 때문입니다. 하나님께서는 믿는 사람들에게 그리스도의 의를 전가하십니다. 혹은 그리스도의 의를, 믿는 사람들의 의로 여기십니다. 그리스도께서 다 이루신 일, 즉 의로운 혹은 거룩한 삶뿐만 아니라 희생적 죽음, 즉 죄를 속죄하시는 죽음이 죄인의 계좌로 입금됩니다. 하나님께서는 지금 죄인 자신이 마치 완전하게 살았고, 속죄하기 위해 죽은 것처럼 바라보십니다.

하나님께서는 어떻게 경건하지 않은 사람을 의롭다 하실 수 있을까요? 경건하지 않은 자를 위해 그리스도께서 다 이루신 일 때문입니다. 그리스도께서 다 이루신 일만이 죄인이 의롭다 함 받는 유일한 기초입니다.

믿음으로 말미암은 칭의

그리스도의 순종이 우리의 칭의의 근거긴 하지만 이 복은 오직 믿음으로 말미암아 우리 것이 됩니다. 우리는 믿음으로 의롭다 함 받습니다. 이 말은 믿음 때문에 의롭다 함 받는다는 뜻이 아니라 믿음을 통해서나 믿음을 수단으로 의롭다 함 받는다는 뜻입니다. 즉 믿음은 수단일 뿐입니다. 이 매개체로 우리는 칭의를 받습니다. 혹은 칭의라는 복이 믿음이라는 통로를 통해 우리에게 흘러들어옵니다. 존 라일John Charles Ryle은 믿음을 다음과 같이 말합니다.

> 참 믿음은 그 자체로서 어떤 공적이 되는 것도 아니며, "한 업적"이라고도 불릴 수 없는 것입니다. 그것은 단지 남편의 팔에 기대고 의사의 약을 받아들이는 것과 같이 구세주의 손을 꼭 붙잡는 것을 의미합니다. 믿음이 그리스도께로 가져가는 것은 단지 죄인의 영혼뿐입니다. 그 믿음은 아무것도 주지 않고 아무 도움도 되지 못하며, 아무것도 지불하지 않고 아무것도 실행하지 못합니다. 그것은 단지 그리스도께서 주시는 칭의라는 영광스러운 선물을 받고 취하고 받아들이며 움켜쥐고 맞아들이는 것 그리고 날마다 새로워진 행위들로서 그 선물을 즐기는 것을 의미합니다.[8)]

---

8) 존 C. 라일, 『옛길』 박영호 옮김(서울: 기독교문서선교회, 2012), p. 315.

칭의는 믿음에 뒤따른다

의롭다 함 얻는 믿음이 우리가 의롭다 함 받았다는 것을 믿는 믿음이라고 가르치는 개신교인들이 있습니다. 이 사람들은 우리가 의롭다 함 받은 이 믿음이 칭의로 말미암아 생긴 믿음이라고 말합니다. 우리는 의롭게 되기 위해 믿는 것이 아니라 의롭다 함 받았기 때문에 믿는다는 것입니다.

그러나 성경에는 그리스도 안에서 믿음이 먼저고 칭의가 뒤따른다는 사실이 매우 명확하게 나와 있습니다. 참으로 칭의의 결과로 일어나는 믿음이 있습니다. 이 믿음은 구원의 확신을 주는 이른바 믿음의 반영 혹은 믿음의 이차적인 행위입니다. 하지만 성경이 구원 얻는 믿음을 말할 때, 이 구원 얻는 믿음은 항상 죄인이 그리스도와 그리스도의 의를 붙잡는 데 맨 처음 하게 되는 것이고 주된 믿음의 행위를 말하는 것입니다. 이 믿음은 우리를 그리스도와 연합하게 합니다. 그리고 우리가 그리스도의 의를 받고 의롭다 함 받는 도구로서 섬깁니다. 성경에서 "믿음으로 의롭게 된다"는 말은 우리의 자각이나 칭의의 확신을 나타내는 것이 아니라 하나님 앞에서 자신의 의로서 그리스도를 믿는 죄인의 행위를 나타냅니다.

갈라디아서 2장 16절은 이렇게 말합니다. "사람이 의롭게 되는 것은 율법의 행위로 말미암음이 아니요 오직 예수 그리스도를 믿음으로 말미암는 줄 알므로 우리도 그리스도 예수를 믿나니 이는 우리가 율법의 행위로써가 아니고 그리스도를 믿음으로써 의롭다 함을 얻으려 함이라." 바울은 우리가 예수 그리스도를 믿음으로 말미암아 의롭게 되기 위해 예수 그리스도를 믿는다고 말합니다. 믿음은 칭의보다 앞에 옵니다. 뒤에 오지 않습니다.

믿음으로 말미암은 칭의 : 큰 위안을 주는 교리

복음이 영광스러운 것은 하나님께서 우리가 지은 죄가 많은데도, 우리를 의롭다고 선언해 주시는 것입니다(『하이델베르크 교리문답』 23주일 참고). 우리 자신의 행위를 가지고 다시 하나님의 은혜로운 사역 속으로 몰래 되돌아가려고 애쓰려는 유혹이 늘 있습니다. 그래서 우리는 사탄이 놓은 덫에 쉽게 걸려듭니다. 그 덫은 단지 의롭거나 거룩하다고 느끼기만 하면, 우리는 의롭다 함 받는다는 생각입니다. 그러나 바울은 우리가 행동하거나 느끼는 것으로는 우리의 칭의에 기여할 수 있는 것이 아무것도 없다고 말합니다.

칭의의 뜻

요컨대 칭의는 하나님께서 재판장으로 나타나셔서 하신 법적 행위입니다. 그리스도의 의에 근거한 칭의는 믿음으로 말미암아 우리 것이 됩니다. 우리에게 죄책과 형벌에 대해 무죄를 선언합니다. 그리고 영원한 생명에 대한 권리를 줍니다.

더 깊은 공부와 나눔을 위한 질문

1. "칭의는 법적 용어"라는 말이 무슨 뜻입니까?

2. 죄인이 의롭게 되는 데, 하나님께서는 죄인을 의롭다 선언하십니까 아니면 의롭게 만드십니까? 이 둘의 차이점은 무엇입니까?

3. 전가라는 말의 뜻은 무엇입니까?

4. 하나님께서는 어떻게 경건하지 않은 사람들을 의롭다 하실 수 있을까요?

5. (　　　　)이 우리의 칭의의 근거긴 하지만 이 복은 오직 (　　)으로 말미암아 우리 것이 됩니다.

6. 우리는 믿음으로 말미암아 의롭다 함 받았습니까 아니면 믿음 때문에 의롭다 함 받았습니까? 다른 점은 무엇입니까?

7. 존 라일이 말한 것을 참고하여 믿음이 무엇인지 말해 봅시다.

8. 칭의의 뜻은 무엇입니까?

<6장 칭의>를 읽으면서 하나님께서 깨닫게 해 주신 것과 베풀어 주신 은혜를 생각하며 감사합시다. 또 깨달아 배우고 확신한 일에 거할 수 있게 해 달라고 기도합시다.

7장

성화

성화는 성령님께서 믿는 사람의 삶 가운데 새롭게 하시는 사역을 계속하시는 과정입니다. 이 사역은 중생할 때 시작하고 믿는 사람이 영화에 합당하고, 이 땅에서 사는 삶을 떠나, 하나님 앞에 설 때 끝날 것입니다.

THE WAY OF SALVATION

6 LESSONS ABOUT THE ORDER OF SALVATION

7장

성화

성화란 무엇인가

성화는 성령님께서 믿는 사람의 삶 가운데 새롭게 하시는 사역을 계속하시는 과정입니다. 이 사역은 중생할 때 시작하고 믿는 사람이 영화에 합당하고, 이 땅에서 사는 삶을 떠나, 하나님 앞에 설 때 끝날 것입니다.

데살로니가전서 5장 23절은 이렇게 말합니다. "평강의 하나님이 친히 너희를 온전히 거룩하게 하시고 또 너희의 온 영과 혼과 몸이 우리 주 예수 그리스도께서 강림하실 때에 흠 없게 보전되기를 원하노라."

성화의 주체

성화의 주체는 성령님이십니다. 고린도전서 6장 11절은 이렇게 말합니다. "너희 중에 이와 같은 자들이 있더니 주 예수 그리스도의 이름과 우리 하나님의 성령 안에서 씻음과 거룩함과 의롭다 하심을 받았느니라."

믿는 사람의 행위

하나님의 성령께서 성화의 주된 주체시기는 하지만 믿는 사람도 성화의 과정에서 행동하는 부분이 있습니다. 성령으로 말미암아 권리를 부여받은 그리스도인은 두렵고 떨림으로 자신의 구원을 이루어 갑니다. 자신 안에서 행하시는 분이 하나님이시니 하나님의 기쁘신 뜻을 위하여 자신에게 소원을 두고 행하게 하신다는 것을 알지라도 말입니다(빌 2:12-13 참고).

성화의 기본 뜻

성경에 따르면 성화된다는 것은 기본적으로 구별되는 것 혹은 분리되는 것을 뜻합니다. 분리 혹은 구별되는 행동에는 두 가지 측면이 있습니다.

1. 성화는 뭔가에서부터 분리되는 것입니다. 아브라함은 자신이 살던 갈대아와 아버지 집에서 분리되었습니다. 이스라엘은 애굽에서 분리되었습니다. 그리스도인들은 세상에서 자신들을 분리하게끔 부름받았습니다.

2. 성화는 죄에서 분리라는 뜻뿐만 아니라 거룩한 삶으로 나아가는 분리입니다. 아브라함은 갈대아에서 하나님의 친구가 되기 위해 분리되었습니다. 이스라엘은 애굽에서 분리되어, 여호와를 섬기기 위해 성별되었습니다. 믿는 사람들은 죽은 행실을 버리고 살아 계신 하나님을 섬겨야 합니다.

성화의 범위

사람은 전인이 죄로 물들었기에 하나님께서는 또한 전인이 성화되기를 바라십니다. 이미 앞에서 인용한 것과 같이 데살

로니가전서 5장 23절에서 바울은 말합니다. "평강의 하나님이 친히 너희를 온전히 거룩하게 하시고 또 너희의 온 영과 혼과 몸이 우리 주 예수 그리스도께서 강림하실 때에 흠 없게 보전되기를 원하노라."

성화가 전인을 포함하지 않는다는 관점은 성경이 말하는 성화에 불충분합니다. 더러는 성령님의 새롭게 하시는 사역을 마음 혹은 정서에 제한합니다. 이것은 믿는 사람이 느끼는 것과 경험하는 것이 얼마나 다른가를 강조합니다. 이 사람들은 자신의 신앙 느낌 정도로 성화의 진전을 판단합니다.

더러는 믿는 사람의 생각에 일어나는 변화를 강조합니다. 그리스도 안에서 새로운 삶은 새로운 총명을 불러일으킵니다. 여기서 핵심 낱말은 조명입니다. 성경에서 사람의 죄 된 상태는 눈멂과 어둠이라고 말하는 반면 성령님께서는 영적인 눈을 뜨게 해 주시고 빛을 비춰 주시는 분이라고 말합니다. 이 관점에 따르면 성화는 주로 하나님의 말씀과 영적 실재들에 대한 지식에 영향을 미칩니다. 이 사람들은 하나님의 말씀과 영적 실재들에 대한 지식 안에서 거듭 자라나는 것이 필요하다고 강조합니다.

마지막으로, 믿는 사람이 새로운 삶에서 행하는 육체와 관련된 결과를 강조하는 사람들이 있습니다. 여기에 해당하는 말씀은 고린도전서 6장 18-19절과 로마서 12장 1절입니다. 이 말씀들은 중요합니다. 우리 몸은 성령의 전이므로, 우리는 우리 몸을 하나님을 섬기는 데 바쳐야 합니다.

위에서 말한 모든 관점은 중요한 요소들을 포함하고 있습니다. 하지만 모든 것을 아울러 이해하지 않는다면, 이 관점들은 우리로 하여금 성화에 대해 균형잡히지 않은 관점을 갖게 합니다.

성화의 기간

성화는 우리가 이 세상에서 사는 동안 계속되는 과정입니다. "너희 안에서 착한 일을 시작하신 이가 그리스도 예수의 날까지 이루실 줄을 우리는 확신하노라"(빌 1:6).

성화가 계속되는 과정이라는 말은, 우리가 사는 동안 거룩을 실현하려고 분투해야 한다는 것을 넌지시 알려 줍니다. 우리는 이 땅의 삶에서 온전한 상태에 결코 이를 수 없습니다. 신약 성경은, 우리가 하늘나라에 가기 전까지 성화는 절대 완벽해질 수 없다는 것을 우리에게 명확히 가르쳐 줍니다

(롬 8:17-25 참고). "성화는 씨앗 속에 있는 영화이고 영화는 꽃 속에 있는 성화"입니다.[9] "내가 이미 얻었다 함도 아니요 온전히 이루었다 함도 아니라 오직 내가 그리스도 예수께 잡힌 바 된 그것을 잡으려고 달려가노라"(빌 3:12).

믿는 사람들에게 성화를 촉구해야 한다

신약 성경은 믿는 사람들에게 거룩하게 살아야 하는 것에 대한 필요성을 거듭 떠올려 줍니다. 이 사실을 잊어버린 어떤 설교자들은 이 의무를 열심히 하려는 마음이 없고 게으릅니다. 이 설교자들은 단지 그리스도를 선포하고, 하나님의 사랑과 은혜로 말미암은 구원을 강조합니다. 그러고 나서 성화는 자연히 이루어질 것으로 말합니다. 사람들이 이런 복음을 믿을 때, 이 사람들은 거룩하게 살게끔 촉구받거나 권고받지 않아서 믿음생활을 편하게 할 수 있기에 엄청 고마워할 것입니다.

그러나 이것은 모두 잘못된 것입니다. 그리스도인들에게는 성화의 필요성을 거듭 떠올려 주는 것이 필요한 본질적인 까

9) 토머스 왓슨, 『신학의 체계』 이훈영 옮김(경기도: 크리스챤다이제스트, 1996), p. 427.

닭이 있습니다. 바로 사람 본성의 죄악성 때문입니다. 하나님의 사람들이 행하는 제일 좋은 것도 여전히 뒤로 물러나려고 구부러진 마음을 품고 있는 것이고, 이 사람들은 하나님의 사랑과 사람의 의무를 잊어버리기 쉽습니다.

성화의 가치

우리는 믿는 사람들로서 우리의 선한 행위를 포함하여 우리가 할 수 있는 그 무엇으로가 아닌 은혜로 구원받았습니다. 그렇다면 성화의 가치는 무엇일까요? 우리가 삶 가운데 완전해질 수 없다면, 거룩해지려고 애쓰는 일에서 핵심은 무엇일까요? 하나님께서는 우리가 최선을 다해 하는 일들 가운데서는 죄를 보지 않으실까요?

이 모든 것은 사실입니다. 하지만 우리는 성화 혹은 개인적 거룩함이 아무 가치도 없다고 결론 내리지 말아야 합니다. 성경은, 자신이 불완전할지라도 자신이 행한 선한 행위들로 말미암아 하나님을 공경하고자 구하는 사람들을 하나님께서 인정하신다고 가르칩니다.

베드로는 이렇게 말합니다. "오직 마음에 숨은 사람을 온

유하고 안정한 심령의 썩지 아니할 것으로 하라 이는 하나님 앞에 값진 것이니라"(벧전 3:4). 히브리서 13장에서도 그리스도인들은 다음과 같이 권면을 받습니다. "오직 선을 행함과 서로 나누어 주기를 잊지 말라 하나님은 이 같은 제사를 기뻐하시느니라"(16절). 또 빌립보 교인들이 사도 바울에게 베푼 호의는 "이는 받으실 만한 향기로운 제물이요 하나님을 기쁘시게 한 것이라."(빌 4:18)고 합니다.

우리가 베푼 선한 행위들로 하늘나라를 얻고자 하는 것이 아닙니다. 하나님께서 그리스도 안에서 베풀어 주신 구원에 감사하여 하나님께 우리의 고마움을 보여 드리는 것입니다. 하나님께서는 우리가 하는 노력이 우리 자신처럼 불완전할지라도 우리가 노력하는 것을 기뻐하십니다. 그 까닭은 하나님께서는 우리가 노력하는 것들을 믿음의 열매로 여기시기 때문입니다.

성화의 원동력

성화는 하나님께서 믿는 사람 안에서 하시는 일입니다. 이 사실이 중요하지만 성화는 구원의 근거도, 믿는 사람의 소망의 터도 아닙니다. 성화는 은혜의 사역이지만 더 높은 샘이요, 더 주된 은혜의 사역인 칭의에게서 양분을 공급받아야 합니다. 성화는 칭의에 확고히 뿌리내리지 않고 칭의로 거듭 되돌아가지 않는다면, 주관주의나 도덕주의 혹은 바리새주의의 파괴적 결과에서 벗어날 수 없습니다.

성화와 그리스도 안에서 믿는 사람의 지위

칭의와 성화는 그리스도께서 자신의 삶과 죽으심, 부활로써 자신의 백성들을 위해 얻으신 이중 유익입니다. 하지만 우리 자신의 노력으로는 이 이중 유익 안에서 유업을 얻을 수 없습니다. 우리가 그리스도께 참여하게 되는 믿음으로 말미암아 그리스도와 하나가 되지 않는다면, 우리는 칭의와 성화에 참여할 수 없습니다. 루터는 이렇게 말합니다. "믿는 사람은 모든 것을 얻을 것입니다. 그러나 믿지 않는 사람은 아무것도 얻지 못할 것입니다."

우리는 믿음을 통해 그리스도와 연합함으로 의롭다 하심을 얻었습니다. "뿌리가 거룩한즉 가지도 그러하니라"(롬 11:16). 우리가 "그리스도 안에" 있다면 가지가 포도나무에

붙어 있는 것처럼 그리스도께 참여한 것입니다. 우리가 "하나님의 거룩하심에 참여"할 것은 필연입니다(히 12:10 참고). 그러니까 그리스도와 이룬 연합은 두 가지 유익을 얻는 것입니다. 법적 유익은 칭의고 도덕적 유익은 성화입니다. 다른 하나 없이 나머지 하나만 얻는 것은 불가능합니다.

존 칼빈John Calvin은 이렇게 말했습니다.

> 그리스도를 둘로 나눌 수 없는 것처럼……하나님께서는 누구를 은혜 안에 받으들이시든지 간에 동시에 그들에게 양자의 영을 베풀어 주셔서 그의 능력으로 그들을 자신의 형상으로 다시 만드시는 것이다……그렇다면 어째서 우리가 믿음으로 말미암아 의롭다 하심을 얻는 것일까? 그것은 오직 그리스도의 의로 말미암아서만 하나님과 화목되는데 우리가 그 그리스도의 의를 믿음으로 붙잡기 때문이다. 그러나 그리스도의 의를 믿음으로 붙잡음과 동시에 반드시 거룩함도 함께 붙잡게 되는 법이다. 왜냐하면 그리스도께서 우리에게 지혜와 의로움과 거룩함과 구원함이 되셨"(고전 1:30)기 때문이다. 그러므로 그리스도로 말미암아 의롭다 하심을 얻은 사람은 반드시 동시에 거룩하게 되는 것이다.[10]

성화에 대한 몇 가지 실천적 적용

간음하다가 잡혀 온 여자에게 "가서 다시는 죄를 범하지 말라."(요 8:11)고 말씀하실 때, 그리스도께서는 여자에게 거룩하고 깨끗하게 살 것을 명령하셨습니다. 하지만 성화의 새로운 삶은 여자가 먼저 그리스도의 약속 안에서 여자에게 주어진 칭의의 소망을 붙잡을 때만 가능했습니다. "나도 너를 정죄하지 아니하노니"(요 8:11). "결코 정죄함이 없다."(롬 8:1 참고)고 하는 자유롭게 해 주는 선언이 그 영혼을 하나님의 계명의 길로 달려가게끔 해방했습니다.

거룩하게 살아야 한다는 성경 명령이 어떻게 칭의의 사실로 뒷받침될 수 있는지를 보여 주는 다른 예가 있습니다. "그런즉 사랑하는 자들아 이 약속을 가진 우리는 하나님을 두려워하는 가운데서 거룩함을 온전히 이루어 육과 영의 온갖 더러운 것에서 자신을 깨끗하게 하자"(고후 7:1). 사도는 우리가 성화의 명령에 순종하기 전에 먼저 칭의의 약속을 꼭 붙잡아

---

10) 존 칼빈, 『기독교 강요』 3권 11장 6절, 16장 1절, 원광연 옮김(경기도: 크리스찬다이제스트, 2003), pp. 258, 347.

야만 한다는 사실을 우리에게 가르쳐 줍니다. 어린양의 피로 이미 씻김 받았음을 믿지 않는다면, 우리는 "우리를 모든 불의에서 깨끗하게" 할 수 없습니다(요일 1:9 참고).

칭의는 핵심 교리다

루터는 교회를 서게도 하고 넘어지게도 하는 조항이 성화가 아니라 칭의라고 주장했습니다. 또 자신의 전 영혼과 사역은 칭의에 대한 진리로 속속들이 물들어 있다고 고백했습니다. 그러하기에 루터는 성령 안에서 이루는 성화 혹은 새로운 삶을 그리스도인의 삶에서 더 높은 차원으로 여기는 사람들에게 격렬히 항의한 것입니다. 오늘날 오순절주의자나 은사주의자들이 똑같은 일을 하고 있습니다. 이 사람들은 성화를 두 번째 복이라고 여깁니다. 이 사람들은 "단지" 구원받은 사람들(혹은 의롭다 함 받은 사람들)과 성화된 사람들(혹은 신령한 사람들)을 구별합니다.

루터는 이미 이 오류에 대항해 경고했습니다. "자신이 은혜로 말미암은 칭의를 벗어나서 성화를 이룰 수 있다고 생각하는 사람은 은혜에서 떨어진 사람입니다"(갈 5:4 참고). 루터는 성화의 가장 중요한 측면은 예수 그리스도를 통하여 하나님의 칭의가 우리에게 필요하다는 공감이 자라는 것이라고 믿었습니다. 그리스도인의 성숙을 향해 자라나는 것이 우리가 전가된 의를 의존하는 것을 그만두는 것은 아닙니다. 믿음이 강한 사람은 은혜 교리에 강합니다. 이 사람은 점점 더 하나님의 자비에 압도당하여 굴복하게 됩니다. 그래서 오직 그리스도의 공로로 말미암은 칭의에 갈수록 더 달라붙게 됩니다.

우리는 성화를 다음과 같이 요약할 수 있습니다. 성화는 칭의 없이 존재할 수 없습니다. 성화의 핵심은 칭의에게서 양분을 공급받는 삶이기 때문입니다. 그러므로 빛이 열 없이 존재할 수 없듯 칭의도 성화 없이 존재할 수 없습니다.

더 깊은 공부와 나눔을 위한 질문

1. 성화란 무엇입니까?

2. 성화의 주체는 누구입니까? 고린도전서 6장 11절을 읽어 봅시다.

3. 성화되는 데 믿은 사람의 행위가 포함됩니까? 나눠 봅시다.

4. 성화라는 말의 기본 뜻은 무엇입니까? 두 가지 측면을 말해 봅시다.

5. 성화의 범위는 어떻게 됩니까?

6. 성화는 언제까지 이루어지는 것입니까?

7. 성화의 가치를 말해 봅시다.

8. 하나님께서는 믿는 사람이 행하는 선한 행위들을 왜 기뻐하실까요?

9. 성화의 원동력은 무엇입니까? 설명해 봅시다.

10. 그리스도와 연합함으로 얻는 두 가지 유익을 말해 봅시다.

11. "성화에 대한 몇 가지 실천적 적용"을 읽은 후 삶에 적용해 봅시다.

12. 루터는 성화의 가장 중요한 측면은 무엇이라고 믿었습니까?

<7장 성화>를 읽으면서 하나님께서 깨닫게 해 주신 것과 베풀어 주신 은혜를 생각하며 감사합시다. 또 깨달아 배우고 확신한 일에 거할 수 있게 해 달라고 기도합시다.

추천하는 책

지은이가 추천하는 책과 자료

앤서니 후크마, 『개혁주의 구원론』 이용중 옮김(부흥과개혁사, 2012).
존 머레이, 『구속』 장호준 옮김(복 있는 사람, 2011).
R. C. 스프로울, 『오직 믿음으로』 안보헌 옮김(생명의말씀사, 1999).[11]
https://s3.amazonaws.com/Challies_VisualTheology/OrdoSalutis_Infographic_HIGH.pdf

출판사가 추천하는 책

코르넬리스 프롱크, 『도르트 신조 강해』 황준호 옮김(그 책의 사람들, 2012).
__________, 『은혜 교리』 김동환 옮김(그 책의 사람들, 2013).

---

11) 이 책은 현재 절판 상태고, 개정 출간 예정이라고 합니다. 원서 제목은 다음과 같습니다. *Faith Alone: The Evangelical Doctrine of Justification* - 옮긴이 주.

구원의 순서

하나님의 주권과 은혜에 따른 구속의 적용

펴 낸 날 2014년 2월 15일 초판 1쇄
2017년 1월 10일 초판 2쇄

지 은 이 코르넬리스 프롱크
옮 긴 이 서금옥

펴 낸 이 한재술
펴 낸 곳 그 책의 사람들

편 집 서금옥
디 자 인 안소영

주 소 경기도 수원시 권선구 여기산로 42, 101동 313호
전 화 0505-273-1710 **팩 스** 0505-299-1710
카 페 cafe.naver.com/thepeopleofthebook
메 일 tpotbook@naver.com **페이스북** www.facebook.com/tpotbook
등 록 2011년 7월 18일 (제251-2011-44호)
인 쇄 불꽃피앤피

책 값 5,000원
ISBN 979-11-85248-05-9 03230

이 도서의 국립중앙도서관 출판시도서목록(CIP)은
서지정보유통지원시스템 홈페이지(http://seoji.nl.go.kr)와
국가자료공동목록시스템(http://www.nl.go.kr/kolisnet)에서 이용하실 수 있습니다.
(CIP제어번호: CIP2014003157)